AF284820

Impressum
Verlag: BABADADA GmbH, Nedderfeld 112 , 22529 Hamburg
Geschäftsführer / Verlagsleitung: Harald Hof
Druck: Books on Demand GmbH, In de Tarpen 42, 22848 Norderstedt

Imprint
Publisher: BABADADA GmbH, Nedderfeld 112 , 22529 Hamburg, Germany
Managing Director / Publishing direction: Harald Hof
Print: Books on Demand GmbH, In de Tarpen 42, 22848 Norderstedt

اسکول

school

کمرہ جماعت
classroom
تقسیم کریں
divide
186/2
بورڈ
board
سکول کا صحن
اُستاد
teacher
کاغذ
paper
لکھنا
write
قلم
pen
میز
desk
پیمانہ
ruler
کتاب
book
شاگرد
pupil

بستہ

satchel

پینسل کیس

pencil case

پینسل

pencil

پینسل شارپنر

pencil sharpener

ربڑ

rubber

ڈرائنگ پیڈ

drawing pad

ڈرائنگ

drawing

پینٹ برش

paintbrush

پینٹ باکس

paint box

قینچی

scissors

گوند

glue

مشق کی کاپی

exercise book

ہوم ورک

homework

ہندسہ

number

2+2

جمع کریں

add

5-2

منفی کریں

subtract

2×2

ضرب دیں

multiply

شمار کریں

calculate

A

خط

letter

ABCDEFG
HIJKLMN
OPQRSTU
VWXYZ

حروف تہجی

alphabet

لفظ

word

متن

text

پڑھنا

read

چاک

chalk

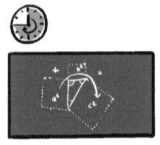

سبق

lesson

اندراج

register

امتحان

exam

سند

certificate

سکول یونیفارم

school uniform

تعلیم

education

انسائیکلوپیڈیا

encyclopedia

یونیورسٹی

university

خورد بین

microscope

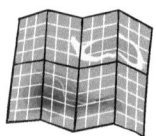

نقشہ

map

ویسٹ پیپر باسکٹ

waste-paper basket

سفر
travel

ہوٹل
hotel
Grand
ہاسٹل
hostel
ROOMS
CHANGE
رقم تبدیل کرانے کیلئے دفتر
bureau de change
سوٹ کیس
suitcase
کار
car

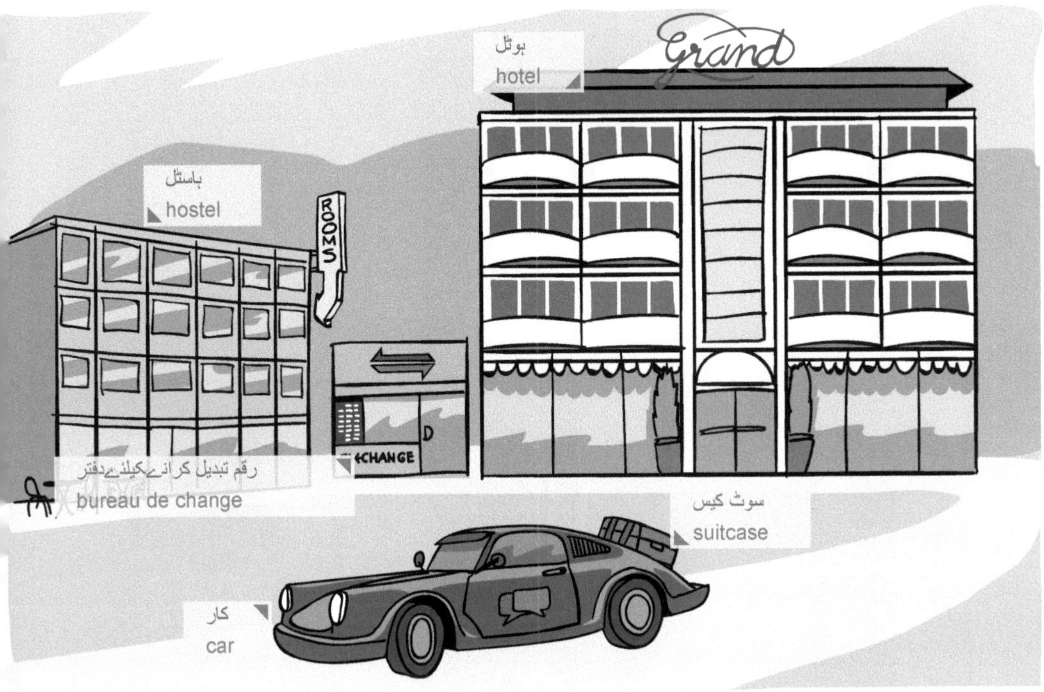

زبان

language

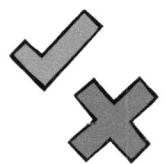

ہاں / نہیں

yes / no

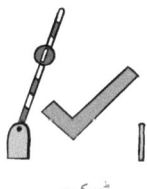

ٹھیک ہے

Okay

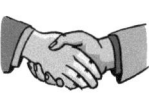

ہیلو

hello

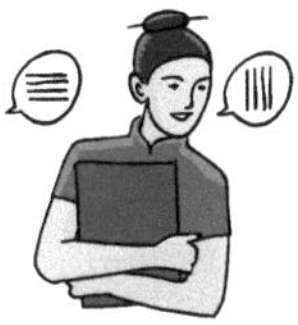

مُترجم

translator

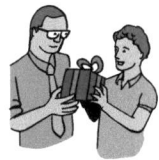

شُکریہ

Thank you

؟ ... کی کیا قیمت ہے

how much is…?

میں نہیں سمجھتا

I do not understand

مشکل

problem

شام بخیر!

Good evening!

صبح بخیر!

Good morning!

شب بخیر!

Good night!

الوداع

bye bye

سمت

direction

سفری سامان

luggage

بیگ

bag

بیگ پیک

backpack

مہمان

guest

کمرہ

room

سلیپنگ بیگ

sleeping bag

ٹینٹ

tent

سیاحوں کےلئےمعلومات

....

tourist information

ساحل

....

beach

کریڈٹ کارڈ

....

credit card

ناشتہ

....

breakfast

لنچ

....

lunch

ڈنر

....

dinner

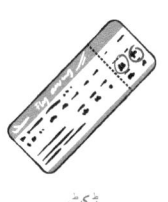

ٹکٹ

....

ticket

لفٹ

....

lift

مُہر

....

stamp

سرحد

....

border

کسٹمز

....

customs

سفارت خانہ

....

embassy

ویزا

....

visa

پاسپورٹ

....

passport

نقل وحمل

transport

ہوائی جہاز
aeroplane
سمندری جہاز
ship
آگ بُجھانےوالی گاڑی
fire engine
بس
bus
ٹرک
truck
موٹربوٹ
motorboat
سائیکل
bike
کار
car

فیری

ferry

کشتی

boat

موٹرسائیکل

motorbike

پولیس کار

police car

ریسنگ کار

racing car

کرایہ پر کار

rental car

کارکا اشتراک کرنا
car sharing

کھینچنے والا ٹرک
breakdown truck

کوڑے والا ٹرک
refuse truck

کار
motor

ایندھن
fuel

پٹرول اسٹیشن
petrol station

ٹریفک کےنشانات
traffic sign

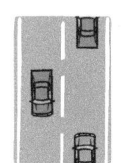

ٹریفک
traffic

ٹریفک جام
traffic jam

کارپارک
car park

ٹرین اسٹیشن
train station

پٹڑیاں
tracks

ٹرین
train

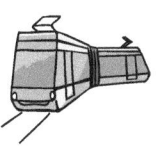

ٹرام
tram

ویگن
carriage

ہیلی کاپٹر

helicopter

ائرپورٹ

airport

ٹاور

tower

مسافر

passenger

کنٹینر

container

ڈبہ

carton

ریڑھا

cart

ٹوکری

basket

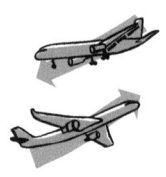

اڑان بھرنا / زمین پراترنا

take off / land

شہر
city

گاؤں

village

سٹی سنٹر

city centre

مکان

house

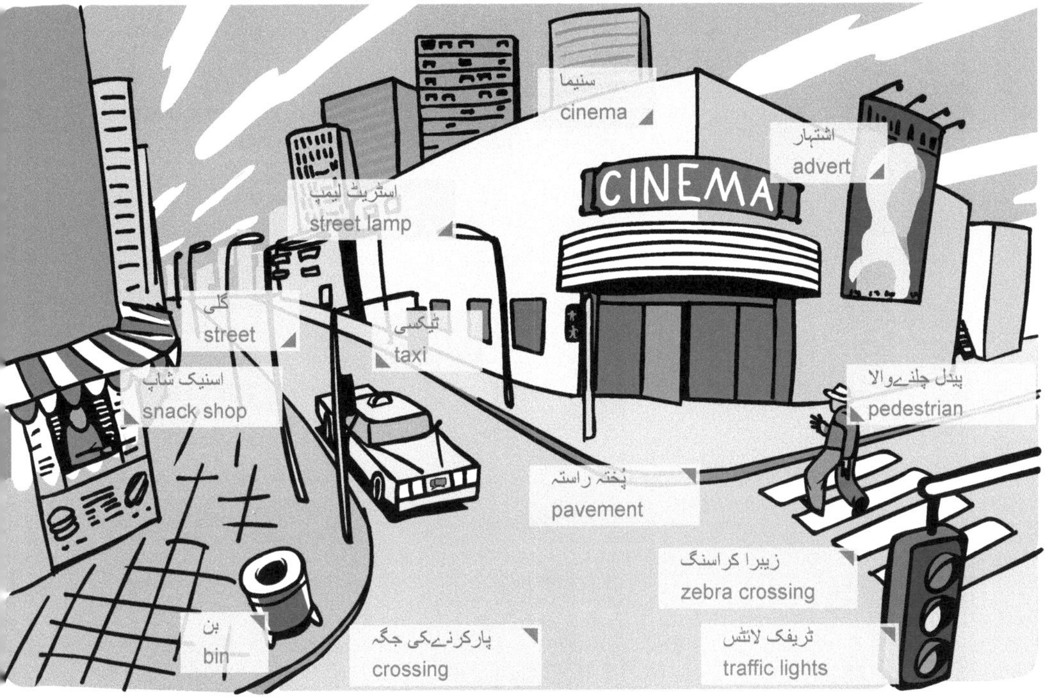

سنیما
cinema

اشتہار
advert

CINEMA

اسٹریٹ لیمپ
street lamp

گلی
street

ٹیکسی
taxi

پیدل چلنے والا
pedestrian

اسنیک شاپ
snack shop

پُختہ راستہ
pavement

زیبرا کراسنگ
zebra crossing

بن
bin

پارکرنے کی جگہ
crossing

ٹریفک لائٹس
traffic lights

ہٹ
hut

فلیٹ
flat

ٹرین اسٹیشن
train station

ٹاؤن ہال
town hall

عجائب گھر
museum

اسکول
school

یونیورسٹی

university

بینک

bank

ہسپتال

hospital

ہوٹل

hotel

فارمیسی

pharmacy

دفتر

office

کتابوں کی دکان

book shop

دکان

shop

پھولوں کی دُکان

florist's

سُپرمارکیٹ

supermarket

مارکیٹ

market

ڈیپارٹمنٹ سٹور

department store

مچھلی کی دُکان

fishmonger's

شاپنگ سنٹر

shopping centre

بندرگاہ

harbour

پارک

park

بنچ

bench

پُل

bridge

سیڑھیاں

stairs

انڈرگراؤنڈ

underground

سرُنگ

tunnel

بس اسٹاپ

bus stop

شراب خانہ

bar

ریسٹورنٹ

restaurant

پوسٹ باکس

postbox

اسٹریٹ سائن

street sign

پارکنگ میٹر

parking meter

چڑیا گھر

zoo

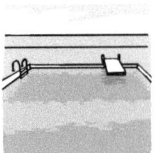

سوئمنگ پول

swimming pool

مسجد

mosque

کھیت
farm

آلودگی
pollution

قبرستان
graveyard

چرچ
church

کھیل کا میدان
playground

مندر
temple

منظر

landscape

پتہ
leaf
رہنمائی کے لئے لگا ہوا بورڈ
signpost
راستہ
way
سبزہ زار
meadow
پتھر
stone
پیدل چلنے والا، ہائکر
hiker
درخت
tree
دریا
river
گھاس
grass
پھول
flower

وادی

valley

پہاڑی

hill

جھیل

lake

جنگل

forest

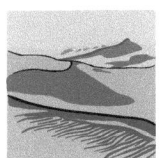

صحرا

desert

آتش فشاں

volcano

قلعہ

castle

قوس قزح

rainbow

کھمبی

mushroom

کجھورکا درخت

palm tree

مچھر

mosquito

مکھی

fly

چیونٹی

ant

مکھی

bee

مکڑا

spider

بھونرا

beetle

مینڈک

frog

گلہری

squirrel

خارپُشت

hedgehog

خرگوش

hare

الو

owl

پرندہ

bird

راج ہنس

swan

سؤر

boar

ہرن

deer

امریکی بارہ سنگھا

moose

ڈیم

dam

ہوا سے چلنے والی ٹربائین

wind turbine

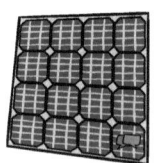

سولر پینل

solar panel

آب وہوا

climate

ریسٹورنٹ
restaurant

ویٹر
waiter
مینیو
menu
chair
سوپ
soup
پیزا
pizza
کٹلری
cutlery
ٹیبل کلاتھ
tablecloth

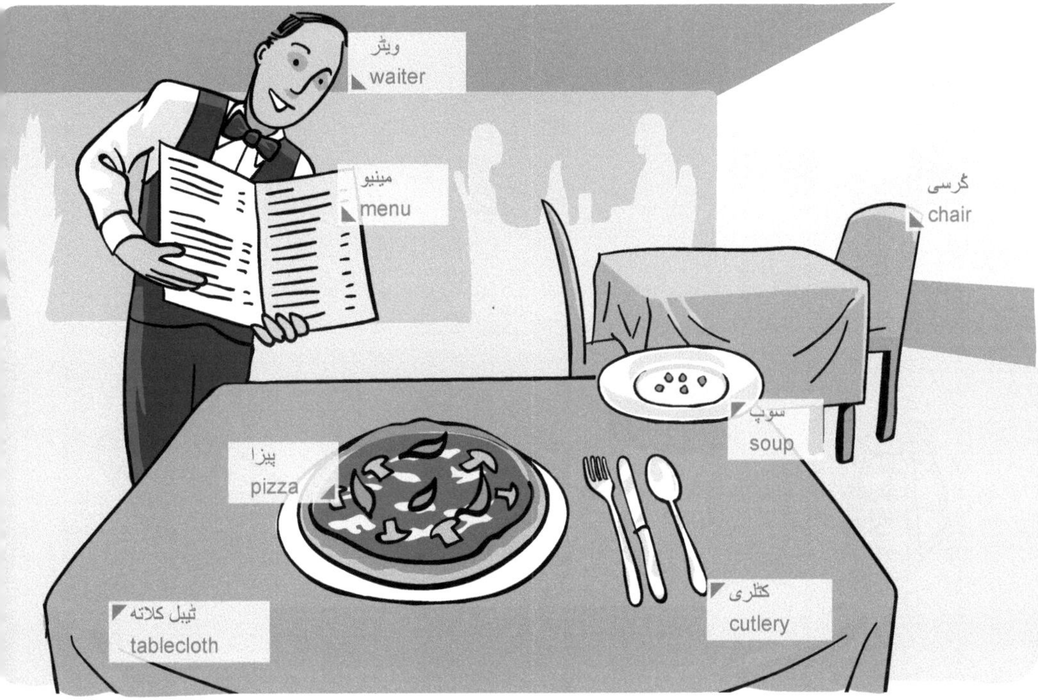

اسٹارٹر
....
starter

مین کورس
....
main course

ڈیزرٹ
....
dessert

مشروبات
....
drinks

کھانے کی اشیاء
....
food

بوتل
....
bottle

فاست فوڈ

fast food

اسٹریٹ فوڈ

street food

چائےدانی

teapot

شوگرباکس

sugar bowl

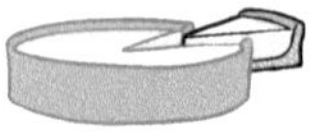

حصہ

portion

ایسپریسو مشین

espresso machine

اونچی کُرسی

high chair

بل

bill

ٹرے

tray

چھُری

knife

کانٹا

fork

چمچ

spoon

چائےکا چمچ

teaspoon

سرویئیٹی

serviette

شیشہ

glass

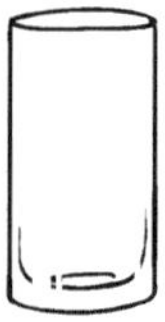

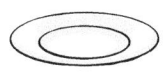

پلیٹ

plate

سوپ پلیٹ

soup plate

طشتری

saucer

چٹنی

sauce

سالٹ شیکر

salt pot

پیپرمل

pepper mill

سرکہ

vinegar

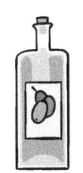

خوردنی تیل

oil

مصالحے

spices

کیچپ

ketchup

سرسوں

mustard

میئونیز

mayonnaise

سُپرمارکیٹ

supermarket

خصوصی پیشکش
special offer
FOR
گاہک
customer
ڈیری
dairy
پھل
fruit
ٹرالی
trolley

گوشت کی دُکان

butcher´s

بیکری

baker´s

وزن کرنا

weigh

سبزیاں

vegetables

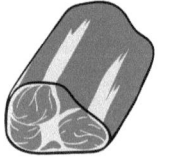

گوشت

meat

جما ہوا کھانا

frozen food

کولڈ کٹس

cold meat

ڈبے میں بند کھانا

tinned food

واشنگ پاؤڈر

washing powder

مٹھائیاں

sweets

گھریلو مصنوعات

household products

صاف کرنے کیلئے مصنوعات

cleaning products

سیلز پرسن

salesperson

کیش رجسٹر

till

کیشئیر

cashier

خریداری کی فہرست

shopping list

اوقات کار

opening hours

بٹوہ

wallet

کریڈٹ کارڈ

credit card

تھیلا

bag

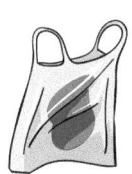

پلاسٹک کے تھیلے

plastic bag

مشروبات

drinks

پانی

water

جوس، رس

juice

دودھ

milk

کوک

coke

وائن

wine

بیئر

beer

الکوحل

alcohol

کوکوآ

cocoa

چائے

tea

کافی

coffee

ایسپریسو

espresso

کیپاچینو

cappuccino

کھانے کی اشیاء

food

کیلا

banana

سیب

apple

مالٹا

orange

خربوزہ

melon

لیموں

lemon

گاجر

carrot

لہسن

garlic

بانس

bamboo

پیاز

onion

کھُمبی

mushroom

اخروٹ، بادام وغیرہ

nuts

نوڈلز

noodles

اسپیگیٹی

spaghetti

چاول

rice

سلاد

salad

چپس

chips

تلے گئے آلو

fried potatoes

پیزا

pizza

ہیم برگر

hamburger

سینڈوچ

sandwich

کٹلیٹ

cutlet

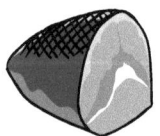

سؤر کی ران کا گوشت

ham

گوشت کی اطالوی ساسیج

salami

ساسیج

sausage

مُرغی

chicken

روسٹ

roast

مچھلی

fish

جئی کا دلیہ
....
porridge oats

میوزلی
....
muesli

کارن فلیکس
....
cornflakes

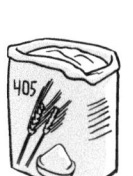

آٹا
....
flour

کروئیسنٹ
....
croissant

بریڈ رول
....
bread roll

بریڈ
....
bread

ٹوسٹ
....
toast

بسکٹ
....
biscuits

مکھن
....
butter

دہی
....
curd

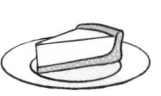

کیک
....
cake

انڈا
....
egg

فرائی کیا گیا انڈہ
....
fried egg

پنیر
....
cheese

آئس کریم

ice cream

چینی

sugar

شہد

honey

جام

jam

ناؤگٹ کریم

chocolate spread

سالن

curry

کھیت

farm

فارم ہاؤس
farmhouse
کھلیان
barn
تنکوں کی گانٹھ
straw bale
field
گھوڑا
horse
ٹریلر
trailer
ٹریکٹر
tractor
گھوڑے کا بچہ
foal
گدھا
donkey
بھیڑ
sheep
میمنہ
lamb

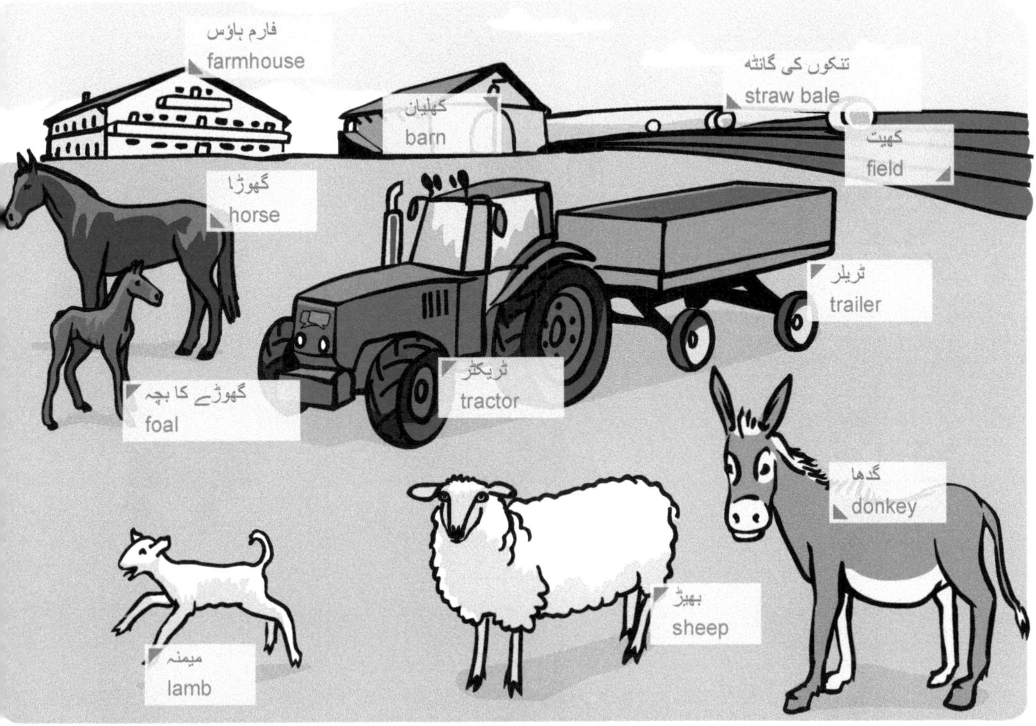

بکری

goat

گائے

cow

بچھڑا

calf

سؤر

pig

سؤر کا بچہ

piglet

سانڈ

bull

راج ہنس

goose

بطخ

duck

چوزہ

chick

مُرغی

hen

مُرغا

cock

چوہا

rat

بلی

cat

چوہا

mouse

بیلچہ

ox

کُتا

dog

کُتے کا گھر

doghouse

گارڈن ہاؤس

garden hose

پانی کا کین

watering can

درانتی

scythe

ہل

plough

درانتی

sickle

بیلچہ

hoe

ترنگل

pitchfork

کلہاڑا

axe

ہتہ گاڑی

wheelbarrow

حوض

trough

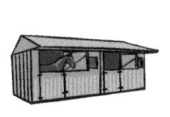

دودھ کا کین

milk can

تھیلا

sack

باڑ

fence

اصطبل

stable

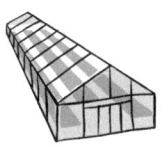

گرین ہاؤس

greenhouse

مٹی

soil

بیج

seed

فرٹیلائیزر

fertilizer

کمبائن ہارویسٹر

combine harvester

فصل کاٹنا

harvest

فصل کاٹنا

harvest

افریقی آلو

yams

گندم

wheat

سویا

soy

آلو

potato

مکئی

corn

توریا کا تیل

rapeseed

پھلدار درخت

fruit tree

کساوا

cassava

دلیہ

cereals

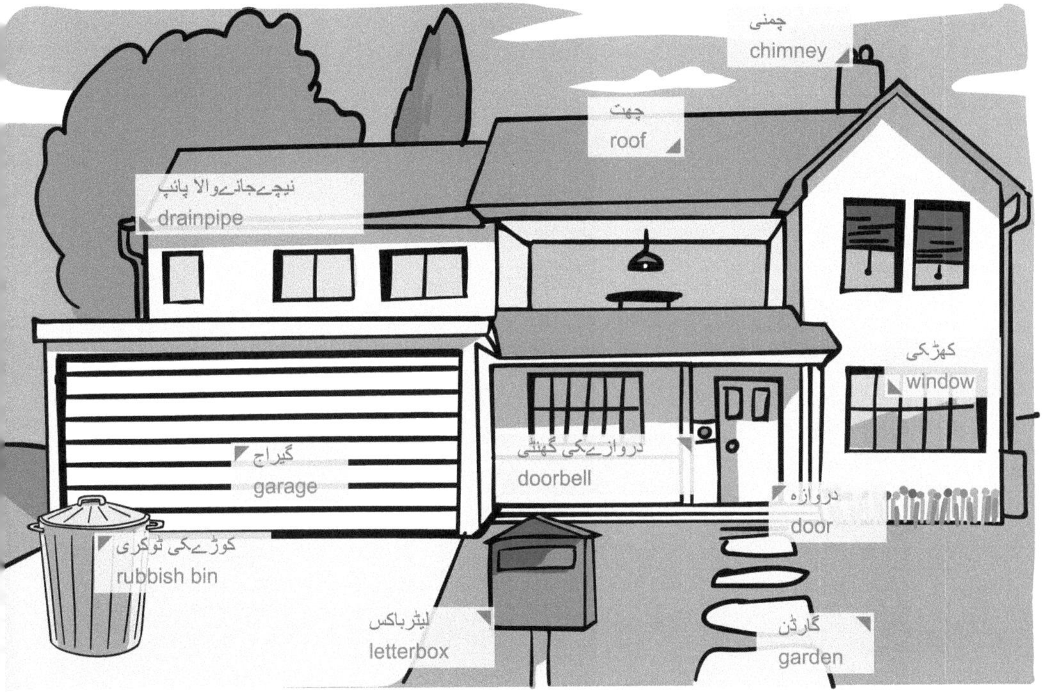

چمنی
chimney
چھت
roof
نیچےجانےوالا پائپ
drainpipe
کھڑکی
window
گیراج
garage
دروازےکی گھنٹی
doorbell
دروازہ
door
کوڑےکی ٹوکری
rubbish bin
لیٹرباکس
letterbox
گارڈن
garden

لوونگ روم

living room

غسل خانہ

bathroom

باورچی خانہ

kitchen

بیڈروم

bedroom

بچوں کا کمرہ

child's room

کھانےکا کمرہ

dining room

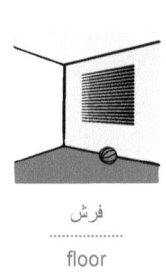

فرش

....

floor

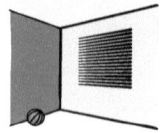

دیوار

....

wall

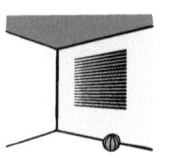

چھت

....

ceiling

تہ خانہ

....

cellar

سوانا

....

sauna

بالکونی

....

balcony

ٹیریس

....

terrace

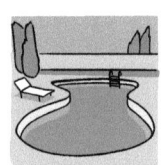

پول

....

pool

گھاس کاٹنے کی مشین

....

lawn mower

چادر

....

sheet

چادر

....

bedspread

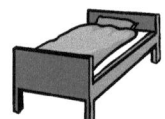

بستر

....

bed

جھاڑو

....

broom

بالٹی

....

bucket

سوئچ

....

switch

لوونگ روم

living room

وال پیپر
wallpaper
تصویر
picture
لیمپ
lamp
شیلف
shelf
الماری
cupboard
ٹیلی ویژن
television
آتش دان
fireplace
پھول
flower
cushion
صوفہ
sofa
گلدان
vase
ریموٹ کنٹرول
remote control

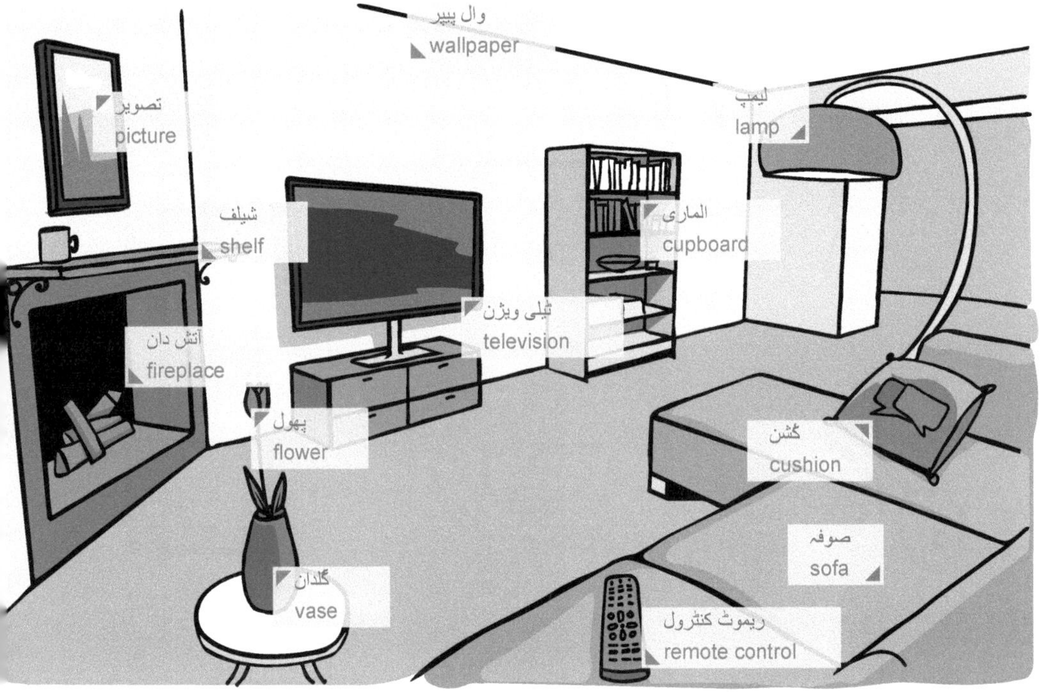

قالین

carpet

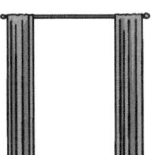

پردے

curtain

میز

table

کُرسی

chair

ہلنےوالی کُرسی

rocking chair

آرام کُرسی

armchair

کتاب

book

کمبل

blanket

آرائش

decoration

جلانےکی لکڑی

firewood

فلم

film

ہائی فائی

hi-fi equipment

چابی

key

اخبار

newspaper

پینٹنگ

painting

پوسٹر

poster

ریڈیو

radio

نوٹ بُک

notepad

ویکیوم کلینر

hoover

کیکٹس

cactus

موم بتی

candle

باورچی خانہ
kitchen

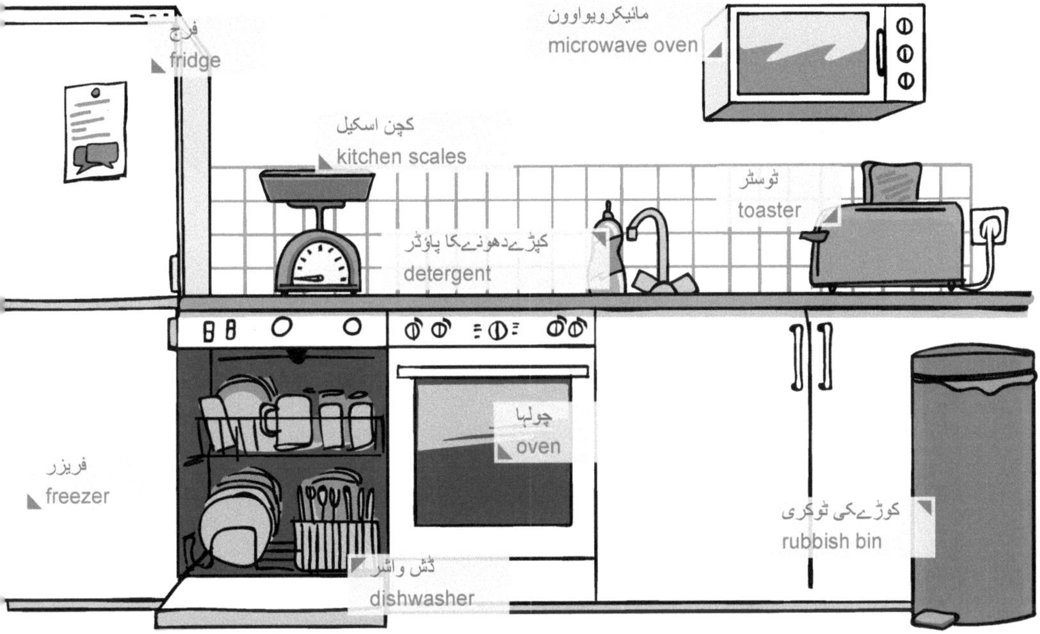

فرج
fridge
مائیکروویواوون
microwave oven
کچن اسکیل
kitchen scales
ٹوسٹر
toaster
کپڑے دھونے کا پاؤڈر
detergent
چولہا
oven
فریزر
freezer
کوڑے کی ٹوکری
rubbish bin
ڈش واشر
dishwasher

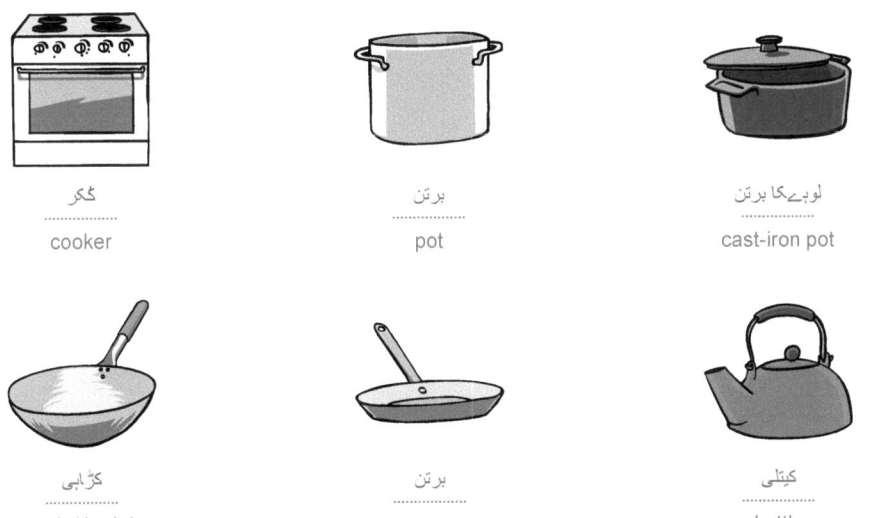

ککر

cooker

برتن

pot

لوہے کا برتن

cast-iron pot

کڑاہی

wok / kadai

برتن

pan

کیتلی

kettle

اسٹیمر

steamer

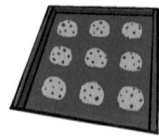

بیکنگ ٹرے

baking tray

کراکری

crockery

مگ

mug

پیالہ

bowl

چاپ اسٹکس

chopsticks

ڈوئی

ladle

کفچہ

spatula

جھاڑو دینا

whisk

مقطر

strainer

چھلنی

sieve

گریٹر

grater

کونڈی

mortar

باربی کیو

barbecue

کھُلی آگ

open fire

چاپنگ بورڈ

....

chopping board

بیلن

....

rolling pin

کارک اسکریو

....

corkscrew

کین

....

can

کین اوپنر

....

can opener

برتن پکڑنے والا کپڑا

....

pot holder

سنک

....

sink

برش

....

brush

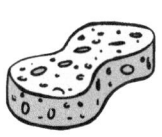

اسپونج

....

sponge

بلینڈر

....

blender

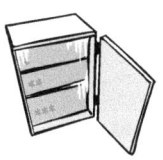

ڈیپ فریز

....

deep freezer

بچے کی بوتل

....

baby bottle

ٹونٹی

....

tap

غُسل خانہ

bathroom

شاور
shower
heating
تولیہ
towel
شاورکرٹن
shower curtain
ببل باتھ
bubble bath
باتھ ٹب
bathtub
شیشہ
glass
واشنگ مشین
washing machine
tap
ٹائلیں
tiles
پاٹی
potty
سنک
sink

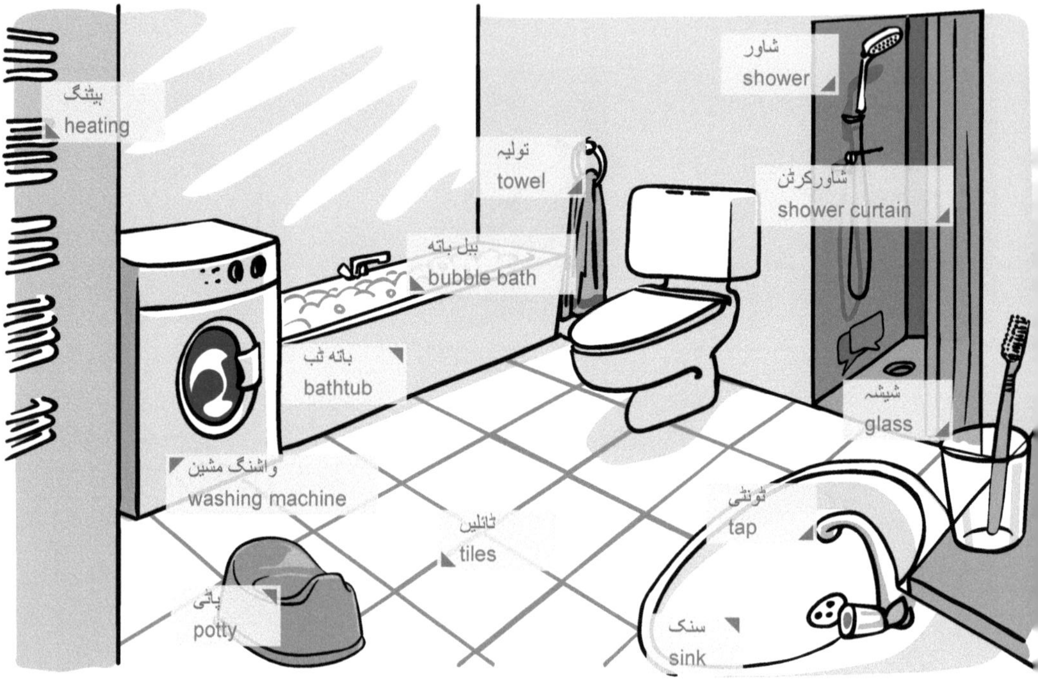

ٹائلٹ

toilet

دوزانوں بیٹھنےوالی ٹائلٹ

squat toilet

نچلاحصہ دھونےکیلئےپاٹ

bidet

پیشاب گاہ

urinal

ٹائلٹ پیپر

toilet paper

ٹائلٹ برش

toilet brush

ٹوتھ برش

toothbrush

ٹوتھ پیسٹ

toothpaste

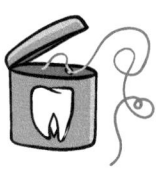

ڈینٹل فلاس

dental floss

دھونا

wash

ہینڈ شاور

handheld shower

شاور

douche

بیسن

basin

بیک برش

back brush

صابن

soap

شاورجل

shower gel

شیمپو

shampoo

فلالین

flannel

ڈرین

drain

کریم

cream

ڈیوڈورنٹ

deodorant

آئینہ

mirror

ہاتھ میں پکڑا جانےوالا آئینہ

hand mirror

ریزر

razor

شیونگ فوم

shaving foam

آفٹرشیو

aftershave

کنگھی

comb

برش

brush

ہیئرڈرائر

hair dryer

ہیئراسپرے

hairspray

میک اپ

makeup

لپ اسٹک

lipstick

نیل وارنش

nail varnish

روئی

cotton wool

ناخن کاٹنےکی قینچی

nail scissors

پرفیوم

perfume

واش بیگ

washbag

پاخانہ

stool

وزن کرنے کی مشین

weighing scale

باتھ روب

bathrobe

ربڑ کے دستانے

rubber gloves

ٹیمپون

tampon

سینیٹری ٹاول

sanitary towel

کیمیکل ٹائلٹ

chemical toilet

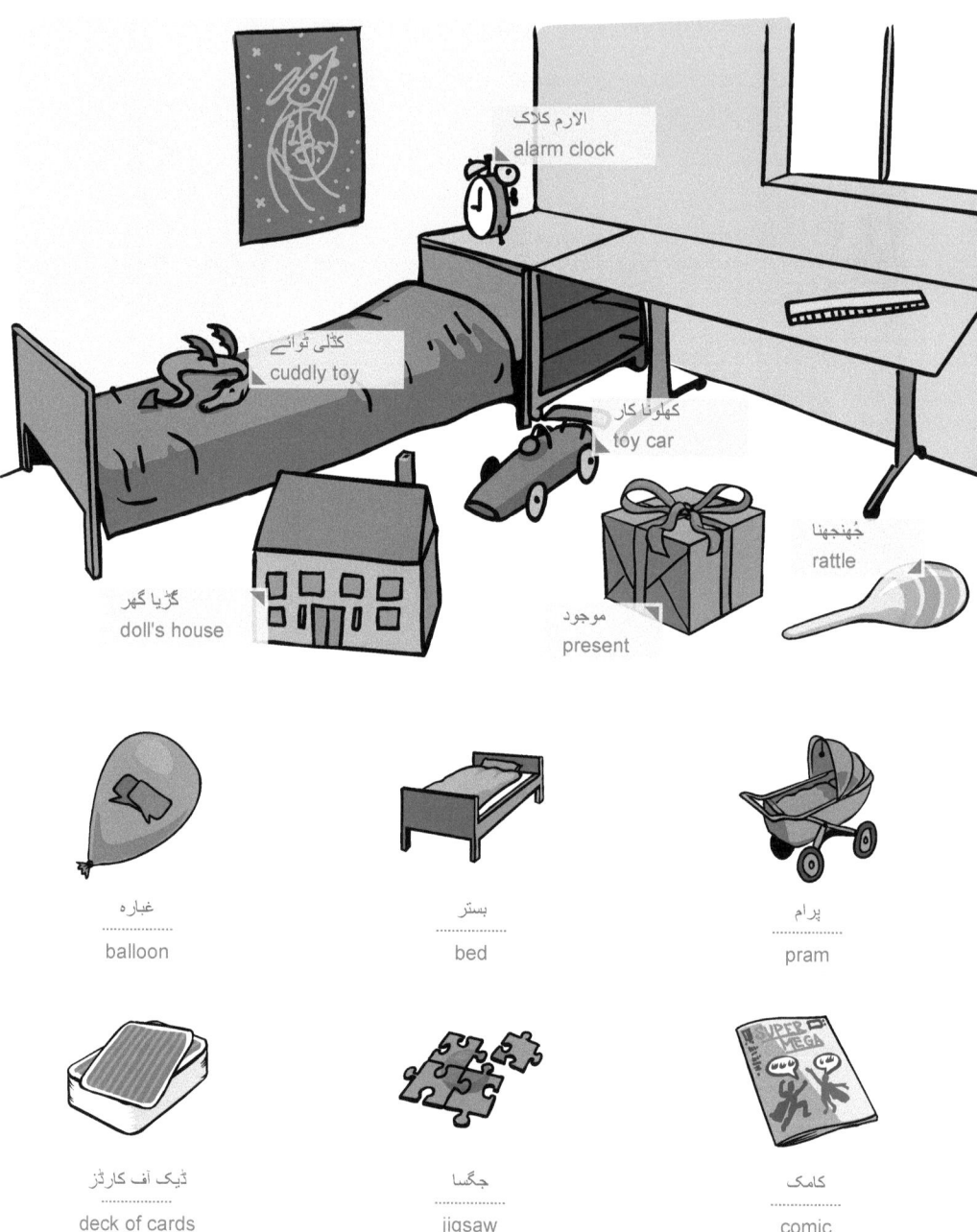

بچوں کا کمرہ

child's room

الارم کلاک
alarm clock
کڈلی ٹوائے
cuddly toy
کھلونا کار
toy car
جُھنجھنا
rattle
گڑیا گھر
doll's house
موجود
present

غبارہ

balloon

بستر

bed

پرام

pram

ڈیک آف کارڈز

deck of cards

جگسا

jigsaw

کامک

comic

لیگوبرکس

lego bricks

کھلونا بلاکس

building blocks

ایکشن فگر

action figure

بچےکا لباس

babygrow

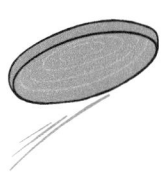

فرسبی

frisbee

کھلونا موبائل

mobile

بورڈ گیم

board game

ڈائس

dice

ماڈل ٹرین سیٹ

model train set

ڈمی

dummy

پارٹی

party

تصاویر والی کتاب

picture book

گیند

ball

گڑیا

doll

کھیلنا

play

سینڈ پٹ

....

sandpit

جھولا جھولنا

....

swing

کھلونے

....

toys

وڈیوگیم کنسول

....

video game console

تین پہیوں والی سائیکل

....

tricycle

ٹیڈی بیئر

....

teddy bear

کپڑوں کی الماری

....

wardrobe

لباس
clothing

موزے

....

socks

اسٹاکنگز

....

stockings

ٹائٹس

....

tights

اسکارف
scarf

چھتری
umbrella

ٹی شرٹ
t-shirt

بیلٹ
belt

بوٹ
boots

اسنیکرز
trainers

سلیپر
slippers

سینڈل

sandals

جوتے

shoes

ربڑکےبوٹس

rubber boots

زیرجامہ

underpants

بریزئیر

bra

واسکٹ

vest

جسم

body

پتلون

trousers

جینز

jeans

اسکرٹ

skirt

بلاؤز

blouse

قمیض

shirt

پُل اوور

pullover

سویٹر

hoodie

بلیزر

blazer

جیکٹ

jacket

کوٹ

coat

رین کوٹ

raincoat

کوئی خاص لباس

costume

لباس

dress

شادی کا لباس

wedding dress

سوٹ

suit

نائٹ گاؤن

nightgown

پائجامہ

pyjamas

ساڑھی

sari

سرپرلیا جانےوالا اسکارف

headscarf

پگڑی

turban

بُرقع

burqa

کفتان

kaftan

عبایہ

abaya

تیراکی کا سوٹ

swimsuit

ٹرنک

trunks

نیکر

shorts

ٹریک سوٹ

tracksuit

اپرن

apron

دستانے

gloves

بٹن

button

عینک

glasses

کنگن

bracelet

ہار

necklace

انگوٹھی

ring

کانوں کی بالیاں

earring

ٹوپی

cap

کوٹ ہینگر

coat hanger

ہیٹ

hat

ٹائی

tie

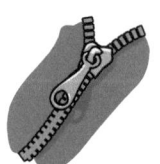

زپ

zip

ہیلمٹ

helmet

بریسز

braces

سکول یونیفارم

school uniform

وردی

uniform

بب
bib

ڈمی
dummy

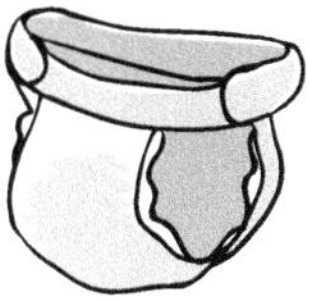

نیپی
nappy

دفتر
office

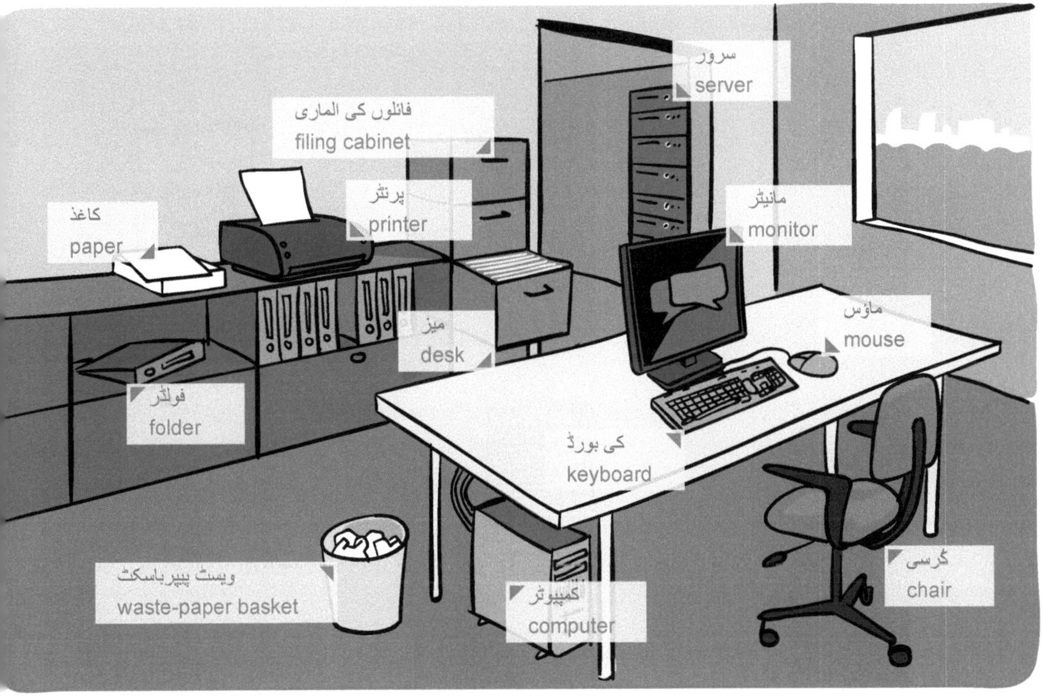

سرور
server

فائلوں کی الماری
filing cabinet

پرنٹر
printer

مانیٹر
monitor

کاغذ
paper

ماؤس
mouse

میز
desk

فولڈر
folder

کی بورڈ
keyboard

ویسٹ پیپر باسکٹ
waste-paper basket

کمپیوٹر
computer

کرسی
chair

کافی مگ
coffee mug

کیلکولیٹر
calculator

انٹرنیٹ
internet

لیپ ٹاپ

laptop

خط

letter

پیغام

message

موبائل

mobile

نیٹ ورک

network

فوٹوکاپئیر

photocopier

سافٹ ویئر

software

ٹیلی فون

telephone

پلگ ساکٹ

plug socket

فیکس مشین

fax machine

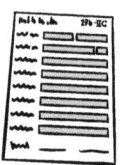

فارم

form

دستاویز

document

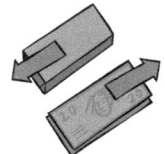

خریدنا

buy

ادائیگی کرنا

pay

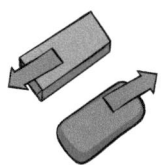

تجارت کرنا

trade

رقم

money

ڈالر

dollar

یورو

euro

ین

yen

روبل

rouble

سوئس فرانک

Swiss franc

رینمنیبی یوآن

renminbi yuan

روپیہ

rupee

کیش پوائنٹ

cashpoint

رقم تبدیل کرانے کیلئے دفتر

bureau de change

سونا

gold

چاندی

silver

خام تیل

oil

توانائی

energy

قیمت

price

معاہدہ

contract

ٹیکس

tax

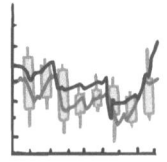

اسٹاک

stock

کام کرنا

work

ملازم

employee

آجر

employer

فیکٹری

factory

دکان

shop

پولیس افسر
police officer

فائرمین
fireman

خانساماں، کک
cook

ٹاکٹر
doctor

پائلٹ
pilot

مالی
....
gardener

ترکھان
....
carpenter

درزن
....
seamstress

جج
....
judge

کیمسٹ
....
chemist

اداکار
....
actor

بس ڈرائیور

bus driver

ٹیکسی ڈرائیور

taxi driver

مچھیرا

fisherman

صفائی کرنےوالی عورت

cleaning lady

چھت بنانےوالا

roofer

ویٹر

waiter

شکاری

hunter

پینٹر

painter

بیکر

baker

الیکٹریشین

electrician

بلڈر

builder

انجینئیر

engineer

قصائی

butcher

پلمبر

plumber

ڈاکیا

postman

سپاہی

soldier

آرکیٹیکٹ

architect

کیشئیر

cashier

پھول بیچنے والا

florist

نائی

hairdresser

کنڈکٹر

conductor

مکینک

mechanic

کپتان

captain

ڈینٹسٹ

dentist

سائنسدان

scientist

یہودی عالم

rabbi

امام

imam

راہب

monk

پادری

clergyman

اوزار
tools

hammer
پلائرز
pliers
پیچ کس
screwdriver
رینچ
spanner
ٹارچ
torch

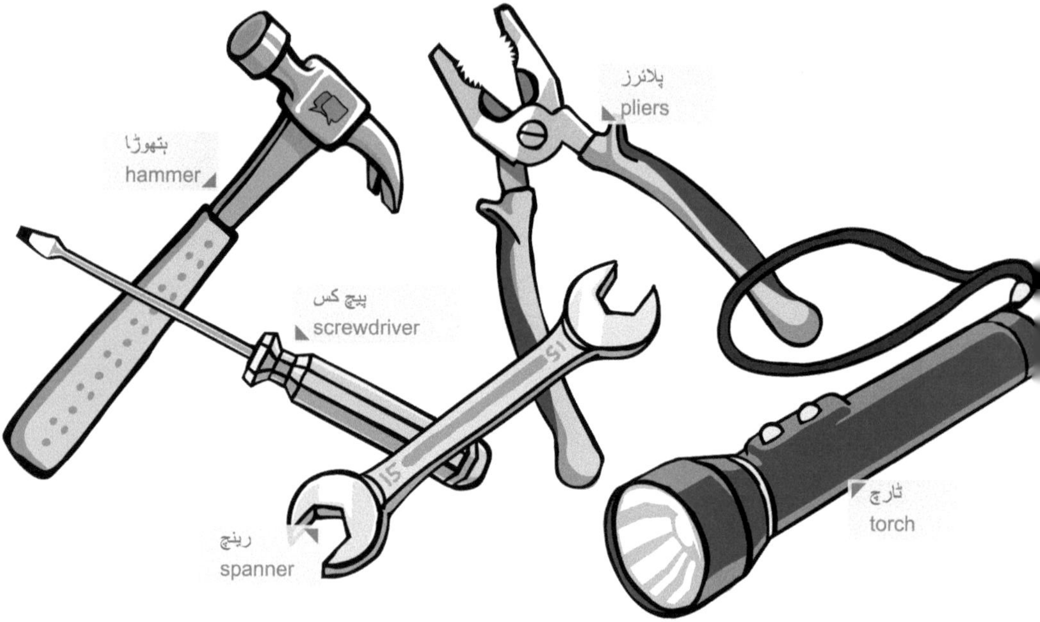

ایکسکویٹر

digger

ٹول باکس

toolbox

سیڑھی

ladder

آری

saw

کیل

nails

ڈرل

drill

مرمت کرنا

repair

بیلچہ

shovel

لعنت ہو!

Damn!

ڈسٹ پین

dustpan

پینٹ پاٹ

paint pot

پیچ

screws

آلات موسیقی

musical instruments

لاؤڈ اسپیکر
loudspeaker

ڈرم سیٹ
drum kit ◄

گٹار
guitar ◄

ڈبل باس
double bass

بگل
trumpet

پیانو

piano

وائلن

violin

موسیقی کی آواز

bass

ٹمپانی

timpani

ڈھول، ڈرمز

drums

کی بورڈ

keyboard

سیکسوفون

saxophone

بانسری

flute

مائیکروفون

microphone

چڑیا گھر

ZOO

چیتا
tiger
پنجرہ
cage
زیبرا
zebra
جانوروں کا چارہ
animal feed
داخلے کا راستہ
entrance
پانڈا
panda

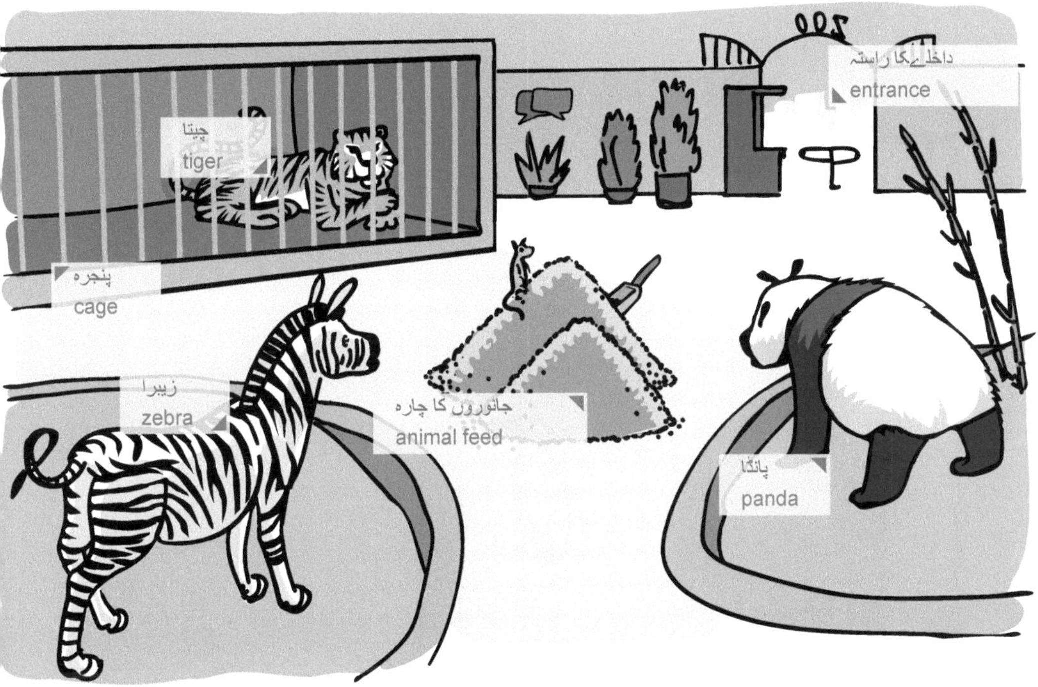

جانور

animals

ہاتھی

elephant

کینگرو

kangaroo

گینڈا

rhino

گوریلا

gorilla

ریچھ

bear

اونٹ
camel

شُترمُرغ
ostrich

شیر
lion

بندر
monkey

فلیمنگو
flamingo

طوطا
parrot

قطبی ریچھ
polar bear

کبوتر
penguin

شارک
shark

مور
peacock

سانپ
snake

مگرمچھ
crocodile

چڑیا گھر کا محافظ
zookeeper

سیل
seal

امریکی تیندوا
jaguar

ٹٹو

pony

چیتا

leopard

دریائی گھوڑا

hippo

زرافہ

giraffe

عقاب

eagle

سؤر

boar

مچھلی

fish

کچھوا

turtle

سمندری گھوڑا

walrus

لومڑی

fox

غزال ہرن

gazelle

کھیلیں

sports

امریکن فٹ بال
American football
سائیکلنگ
cycling
ٹینس
tennis
باسکٹ بال
basketball
پیراکی
swimming
باکسنگ
boxing
آئس ہاکی
ice hockey

فٹ بال

football

بیڈمنٹن

badminton

اتھلیٹکس

athletics

ہینڈ بال

handball

اسکیئنگ

skiing

پولو

polo

سرگرمیاں

activities

laugh
چھلانگ لگا
ump
گلے لگانا
hug
چلنا
walk
گانا
sing
خواب دیکھنا
dream
دُعا کرنا
pray
چُومنا
kiss

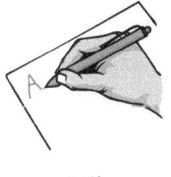

لکھنا

write

تصویرکشی کرنا

draw

دکھانا

show

آگے کی طرف دھکیلنا

push

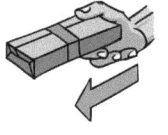

دینا

give

لینا

take

رکھنا

have

کرنا

do

ہونا

be

کھڑا ہونا

stand

دوڑنا

run

کھینچنا

pull

پھینکنا

throw

گرنا

fall

جھوٹ بولنا

lie

انتظار کرنا

wait

اُٹھانا

carry

بیٹھنا

sit

ملبوس ہونا

get dressed

سونا

sleep

جاگنا

wake up

دیکھنا

look at

رونا

cry

چوٹ لگانا

stroke

کنگھی کرنا

comb

بات کرنا

talk

سمجھنا

understand

پوچھنا

ask

مُتوجہ ہونا

listen

پینا

drink

کھانا

eat

صاف کرنا

tidy up

پیارکرنا

love

پکانا

cook

گاڑی چلانا

drive

اُڑنا

fly

بحری سفرکرنا

sail

شمارکریں

calculate

پڑھنا

read

سیکھنا

learn

کام کرنا

work

شادی کرنا

marry

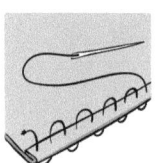

سینا

sew

دانت صاف کرنا

brush teeth

جان سے ماردینا

kill

تمباکونوشی کرنا

smoke

بھیجنا

send

خاندان

family

دادی
grandmother
دادا
grandfather
باپ
father
mother
طفل
baby
بیٹی
daughter
بیٹا
son

مہمان

guest

چچی

aunt

چچا

uncle

بھائی

brother

بہن

sister

جسم

body

ماتھا
forehead
eye
کندھا
shoulder
انگلی
finger
چہرہ
face
ٹھوڑی
chin
hand
چھاتی
breast
ٹانگ
leg
بازو
arm

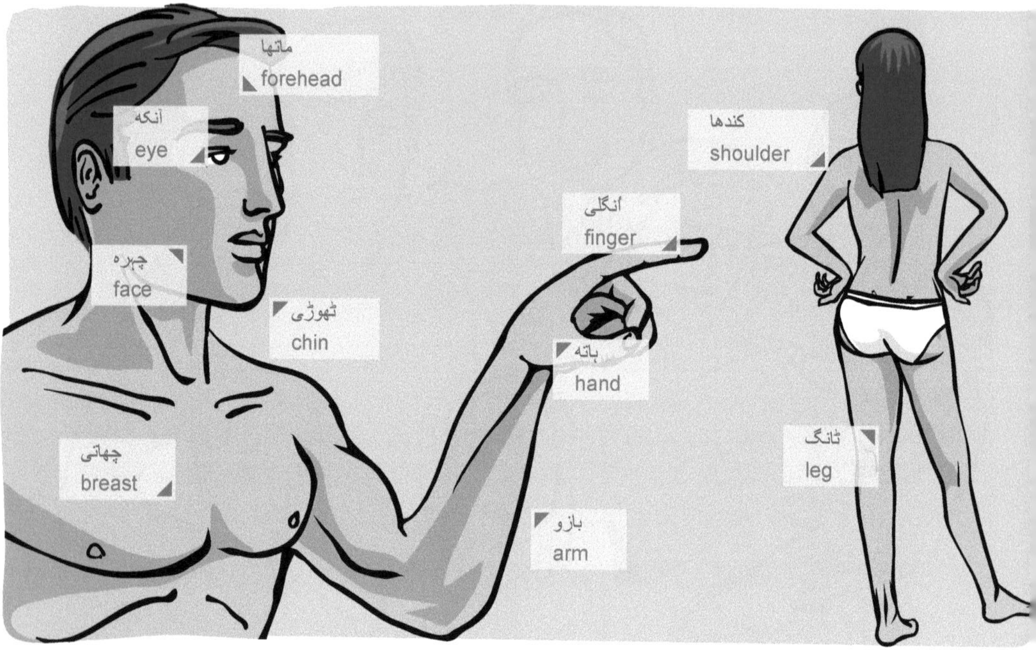

طفل

baby

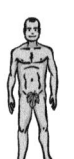

آدمی

man

عورت

woman

لڑکی

girl

لڑکا

boy

سر

head

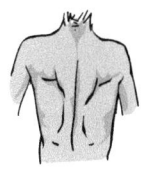

کمر

back

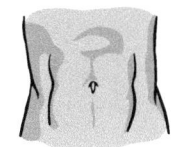

پیٹ

belly

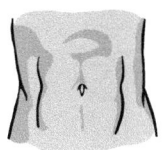

ناف

belly button

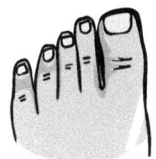

پاؤں کا انگوٹھا

toe

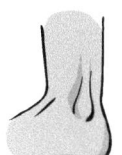

ایڑھی

heel

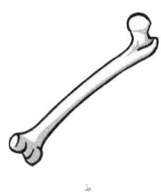

ہڈی

bone

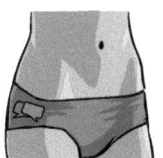

کولہا

hip

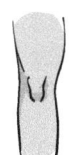

گھٹنا

knee

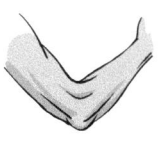

کہنی

elbow

ناک

nose

نچلا حصہ

bottom

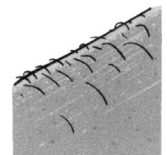

جلد

skin

گال

cheek

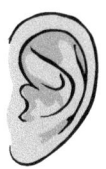

کار

ear

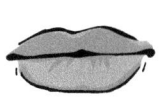

ہونٹ

lip

مُنہ

mouth

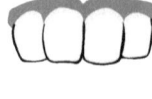

دانت

tooth

زُبان

tongue

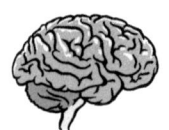

دماغ

brain

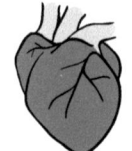

دل

heart

پٹھہ

muscle

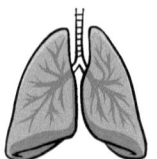

پھیپھڑا

lung

جگر

liver

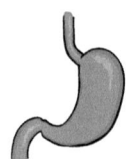

معدہ

stomach

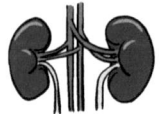

گردے

kidneys

جنس

sex

کنڈوم

condom

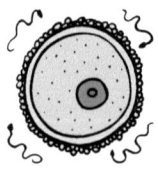

بیضہ

ovum

مادہ منویہ

semen

حمل

pregnancy

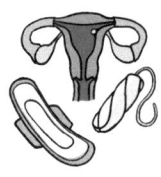

حیض
....
menstruation

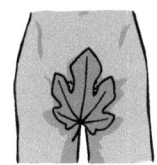

اندام نهانی
....
vagina

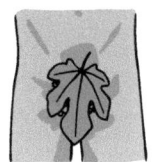

عضوتناسل
....
penis

بهنوین
....
eyebrow

بال
....
hair

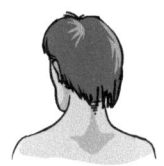

گردن
....
neck

ہسپتال
hospital

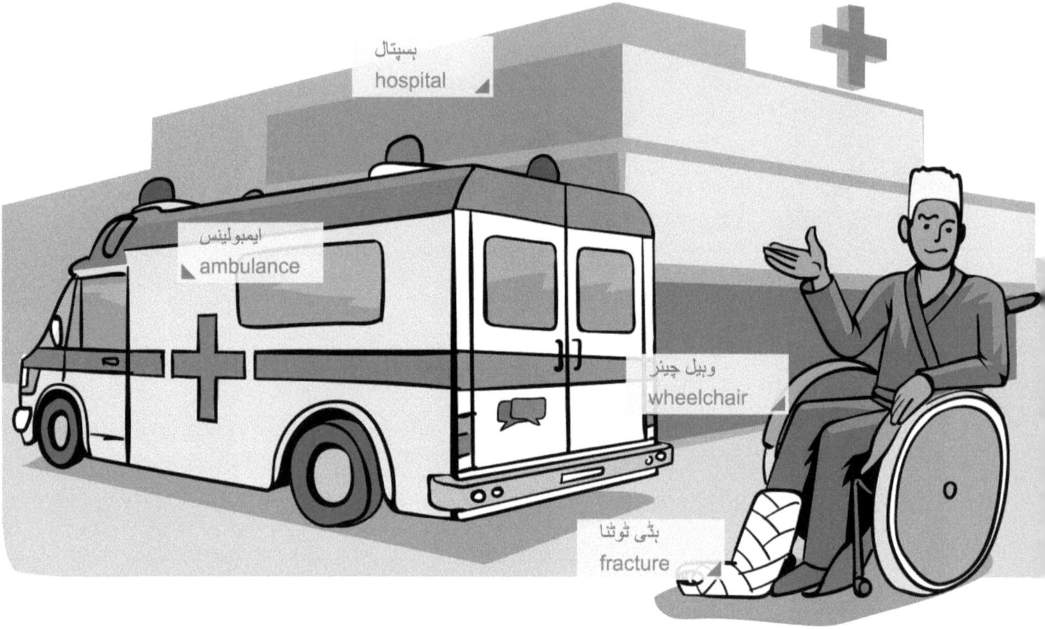

ایمبولینس
ambulance
وہیل چیئر
wheelchair
ہڈی ٹوٹنا
fracture

ڈاکٹر

doctor

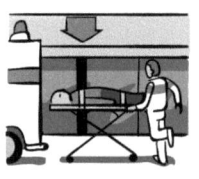

ہنگامی کمرہ

emergency room

نرس

nurse

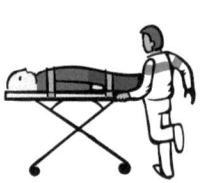

ہنگامی صورتحال

emergency

بےہوش

unconscious

درد

pain

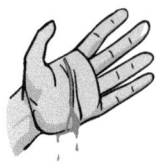

زخم

injury

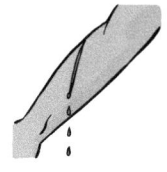

خون بہنا

bleeding

دل کا دورہ

heart attack

فالج

stroke

الرجی

allergy

کھانسی

cough

بخار

fever

زکام

flu

اسہال

diarrhoea

سردرد

headache

کینسر

cancer

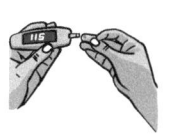

ذیابیطس

diabetes

سرجن

surgeon

نشتر

scalpel

آپریشن

operation

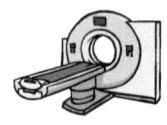

سی ٹی

CT

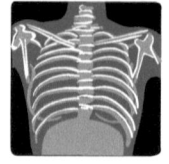

ایکس رے

x-ray

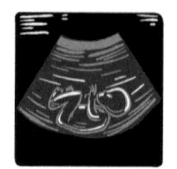

الٹراساؤنڈ

ultrasound

چہرے کا نقاب

face mask

بیماری

disease

انتظارگاہ

waiting room

بیساکھی

crutch

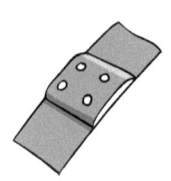

پلاسٹر

plaster

پٹی

bandage

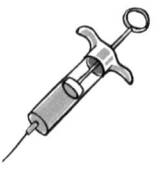

انجکشن

injection

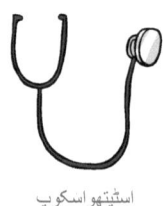

اسٹیتھواسکوپ

stethoscope

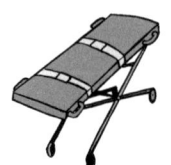

اسٹریچر

stretcher

مطبی تھرما میٹر

clinical thermometer

پیدائش

birth

حد سے زیادہ وزن

overweight

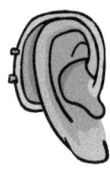

آلہ سماعت

hearing aid

جراثیم کش

disinfectant

انفیکشن

infection

وائرس

virus

ایچ آئی وی/ ایڈز

HIV / AIDS

دوا

medicine

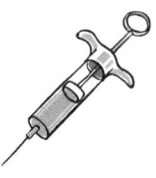

ویکسی نیشن

vaccination

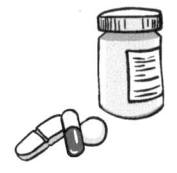

گولیاں

tablets

گولی

pill

ہنگامی کال

emergency call

بلڈ پریشر مانیٹر

blood pressure monitor

بیمار / صحتمند

ill / healthy

ہنگامی صورتحال
emergency

مدد!

Help!

الارم

alarm

مُجرمانہ حملہ

assault

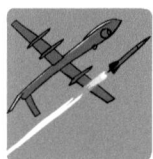

حملہ

attack

خطرہ

danger

ہنگامی راستہ

emergency exit

آگ!

Fire!

آگ بُجھانےوالہ آلہ

fire extinguisher

حادثہ

accident

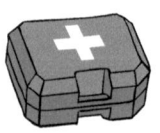

ابتدائی طبی امداد کی کٹ

first-aid kit

SOS

ایس او ایس

SOS

پولیس

police

زمین
Earth

یورپ

Europe

شمالی امریکہ

North America

جنوبی امریکہ

South America

افریقہ

Africa

ایشیا

Asia

آسٹریلیا

Australia

بحراوقیانوس

Atlantic

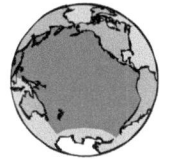

بحرالکاہل

Pacific

بحرہند

Indian Ocean

بحرقُطب جنوبی

Antarctic Ocean

بحرقُطب شمالی

Arctic Ocean

قُطب شمالی

North Pole

قطب جنوبی

South Pole

انٹارکٹیکا

Antarctica

زمین

Earth

زمین

land

سمندر

sea

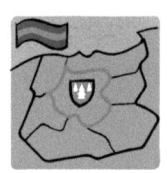

جزیرہ

island

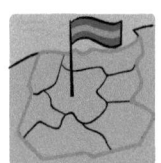

قوم

nation

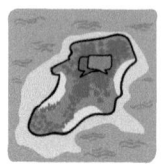

ریاست

state

کلاک
clock

کلاک کا سامنے کا حصہ

clock face

گھنٹوں والی سوئی

hour hand

منٹوں والی سوئی

minute hand

سیکنڈ ہینڈ

second hand

کیا وقت ہوا ہے؟

What time is it?

دن

day

وقت

time

اب

now

ڈیجیٹل گھڑی

digital watch

منٹ

minute

گھنٹہ

hour

ہفتہ

week

سوموار
Monday
MO
بدھوار
Wednesday
W
جمعہ
Friday
FR
TU
TH
SA
SO
Saturday
منگلوار
Tuesday
جمعرات
Thursday
اتوار
Sunday

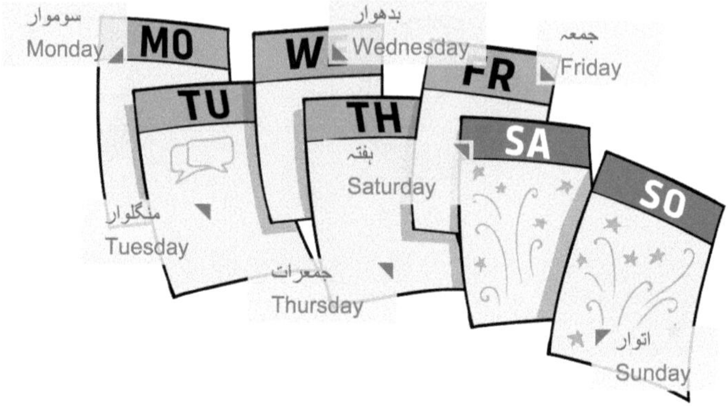

TUE
MON

گزرا کل

....

yesterday

TUE

آج

....

today

TUE

کل

....

tomorrow

صبح

....

morning

دوپہر

....

noon

شام

....

evening

کاروباری دن

....

business days

ہفتے کا اختتام

....

weekend

بارش
rain
قوس قزح
rainbow
ہوا
wind
برف
snow
بہار
spring
autumn
موسم گرما
summer
موسم سرما
winter

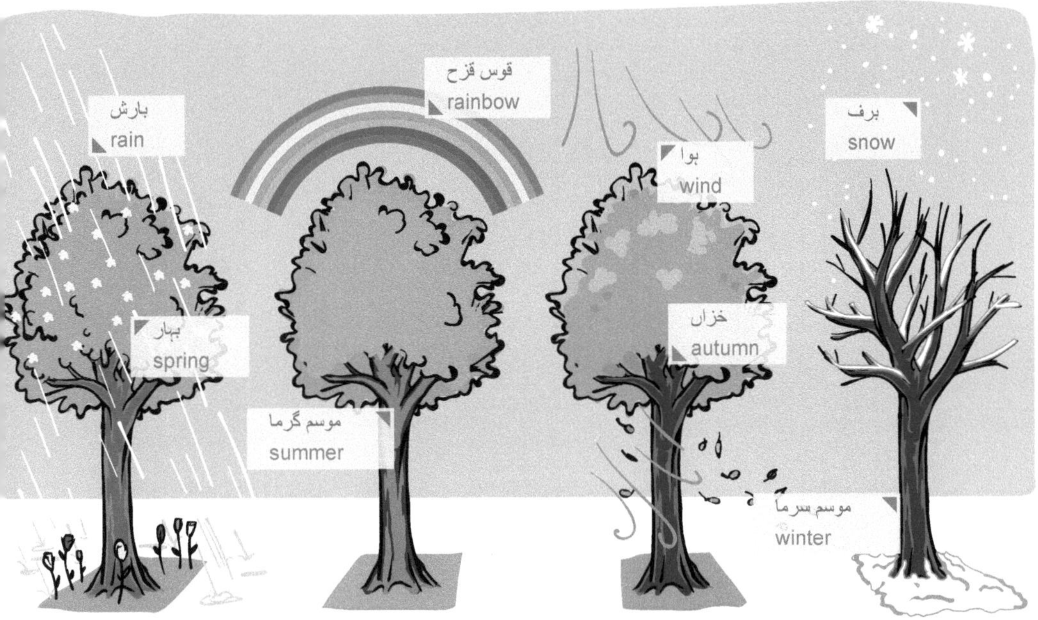

موسمی پیش گوئی

weather forecast

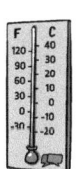

تھرما میٹر

thermometer

دھوپ

sunshine

بادل

cloud

دُھند

fog

حبس

humidity

بجلی کوندھنا

lightning

بادلوں کی گرج

thunder

طوفان

storm

ژالہ باری

hail

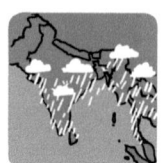

مون سون

monsoon

سیلاب

flood

برف

ice

جنوری

January

فروری

February

مارچ

March

اپریل

April

مئی

May

جون

June

جولائی

July

اگست

August

ستمبر
....
September

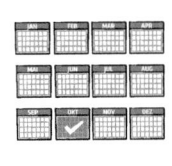

اکتوبر
....
October

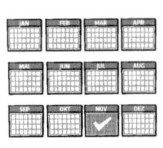

نومبر
....
November

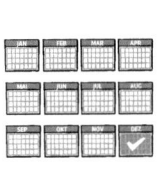

دسمبر
....
December

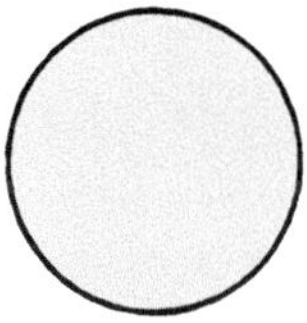

اشکال

shapes

دائره
....
circle

چوکور
....
square

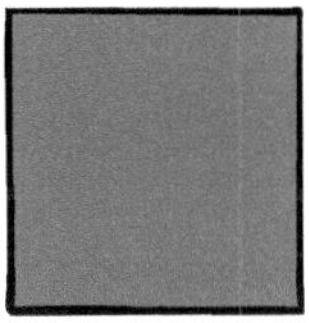

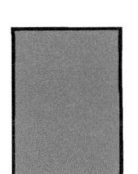

مُستطیل
....
rectangle

تکون
....
triangle

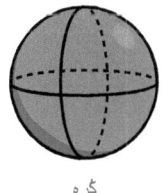

کُره
....
sphere

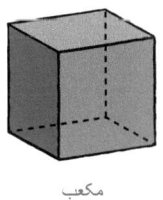

مکعب
....
cube

رنگ

colours

سفید

white

پیلا

yellow

نارنجی

orange

گلابی

pink

سُرخ

red

جامنی

purple

نیلا

blue

سبز

green

بھورا

brown

مٹیالا

grey

سیاہ

black

بہت زیادہ / بہت کم

a lot / a little

ناراض / پُرسکون

angry / calm

خوبصورت / بدصورت

beautiful / ugly

آغاز / اختتام

beginning / end

بڑا / چھوٹا

big / small

روشن / اندھیرا

bright / dark

بھائی / بہن

brother / sister

صاف / گندا

clean / dirty

مکمل / نامکمل

complete / incomplete

دن / رات

day / night

زندہ / مُردہ

dead / alive

چوڑا / تنگ

wide / narrow

کھانےکےقابل ہونا / کھانےکےقابل نہ ہونا

edible / inedible

بُرا / اچھا

evil / kind

پُرجوش / بوریت کا شکار

excited / bored

موٹا / دُبلا

fat / thin

پہلا / آخری

first / last

دوست / دُشمن

friend / enemy

بھرا ہوا / خالی

full / empty

سخت / نرم

hard / soft

بوجھل / ہلکا

heavy / light

بھوک / پیاس

hunger / thirst

بیمار / صحتمند

ill / healthy

غیرقانونی / قانونی

illegal / legal

عقلمند / بیوقوف

intelligent / stupid

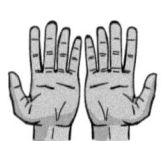

بائیں / دائیں

left / right

نزدیک / دور

near / far

نیا / پُرانا
....
new / used

کچھ نہیں / کچھ ہے
....
nothing / something

بوڑھا / نوجوان
....
old / young

آن / آف
....
on / off

کُھلا / بند
....
open / closed

خاموش / بُلند آواز
....
quiet / loud

امیر / غریب
....
rich / poor

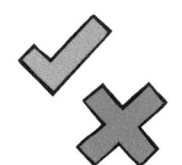

ٹھیک / غلط
....
right / wrong

کھُردرا / ہموار
....
rough / smooth

افسردہ / خوش
....
sad / happy

مُختصر / طویل
....
short / long

آہستہ / تیز
....
slow / fast

گیلا / خُشک
....
wet / dry

گرم / ٹھنڈا
....
warm / cool

جنگ / امن
....
war / peace

اعداد
numbers

0	1	2
صفر	ایک	دو
zero	one	two
3	4	5
تین	چار	پانچ
three	four	five
6	7	8
چه	سات	آٹه
six	seven	eight
9	10	11
نو	دس	گیاره
nine	ten	eleven

12

باره

twelve

13

تیره

thirteen

14

چوده

fourteen

15

پندره

fifteen

16

سوله

sixteen

17

ستره

seventeen

18

اٹھاره

eighteen

19

اُنیس

nineteen

20

بیس

twenty

100

سو

hundred

1.000

ہزار

thousand

1.000.000

دس لاکھ

million

زبانیں

languages

انگریزی

English

امریکی انگریزی

American English

چینی مینڈارین

Chinese Mandarin

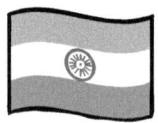

ہندی

Hindi

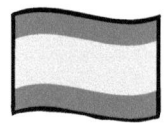

ہسپانوی

Spanish

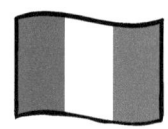

فرانسیسی

French

عربی

Arabic

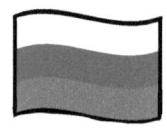

روسی

Russian

پُرتگالی

Portuguese

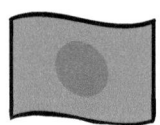

بنگالی

Bengali

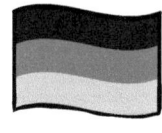

جرمن

German

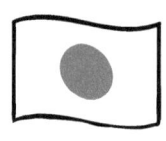

جاپانی

Japanese

کون / کیا / کیسے
who / what / how

میں

I

تم

you

وہ (لڑکا) / وہ (لڑکی) / یہ

he / she / it

ہم

we

تم

you

وہ

they

کون؟

who?

کیا؟

what?

کیسے؟

how?

کہاں؟

where?

کب؟

when?

نام

name

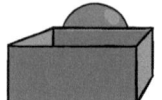

کہاں
where

پیچھے

behind

میں

in

کے سامنے

in front of

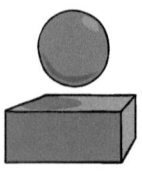

اوپر

over

پر

on

نیچے

under

ساتھ

beside

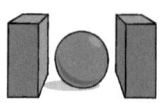

درمیان

between

جگہ

place